VIN ET AMPHORES
DE THASOS

ÉCOLE FRANÇAISE D'ATHÈNES

VIN ET AMPHORES DE THASOS

YVON GARLAN

ÉCOLE FRANÇAISE D'ATHÈNES
6, rue Didot, 106 80 ATHÈNES
Dépositaire :
DIFFUSION DE BOCCARD
11, rue de Médicis, 75006 PARIS

—

1988

ISBN 2-86958-016-9

UN DES GRANDS CRUS DE L'ANTIQUITÉ

Les Thasiens d'aujourd'hui ne produisent plus guère de vin, même pour leur consommation familiale, comme ils le faisaient encore dans les années 1960 quand subsistaient près de 300 ha de vignes : c'était un vin rouge, non résiné, qui était de qualité très variable et se conservait assez mal. Au siècle dernier (fig. 2), les jugements dont il faisait l'objet de la part des voyageurs occidentaux étaient également mitigés. Quant aux vignobles, c'était depuis la fin du Moyen Âge (et donc bien avant l'invasion du phylloxéra) qu'ils reculaient sous la poussée de l'olivier. Il nous faut donc remonter à l'époque byzantine, et surtout aux époques classique et hellénistique (en gros du Ve au IIe siècle avant notre ère) pour atteindre l'âge d'or du vin thasien où de nombreux textes nous renseignent sur ses vertus et son prestige.

Comme la plupart des autres grands crus du monde grec, c'était un vin liquoreux, de forte teneur alcoolique (aux environs de 18°?) que l'on ne buvait normalement que plus ou moins coupé d'eau (au moins de moitié) et qui se consommait au bout de quelques années, alors qu'il avait «perdu ses dents» et avait «la tête chenue».

Sa recette de fabrication nous est connue par les *Géoponiques*, une sorte d'almanach agricole composé au Xe siècle de notre ère : «On expose au soleil des raisins mûrs, en les disposant grappe par grappe (?)... pendant cinq journées ; au milieu de la sixième, on les ramasse, et on les plonge tout chauds dans un mélange de moût et, pour moitié, d'eau de mer bouillie ; puis on les en retire et on les met dans le pressoir une nuit et un jour ; on foule, on recueille le jus dans des vases. Après fermentation et débourbage, on ajoute un vingt-cinquième du moût cuit ; passé l'équinoxe de printemps, on soutire dans des vases adaptés». Avec la concentration naturelle du sucre par dessication partielle et l'adjonction de moût réduit au feu se combine ici l'effet du sel qui accélère la déshydratation des grains et influe sur le processus de fermentation alcoolique en éliminant certaines bactéries et levures. La première dégustation du vin des grandes

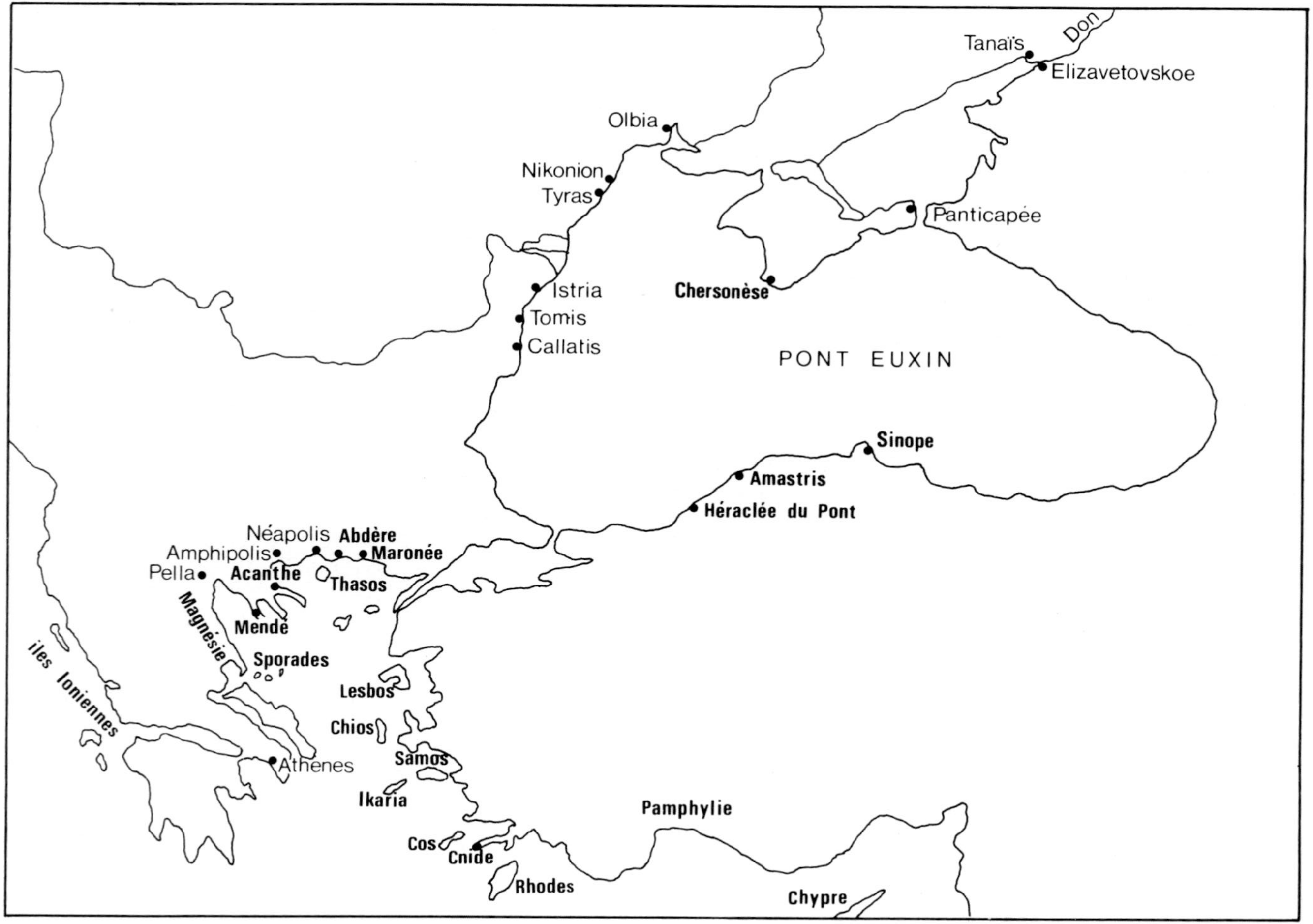

Fig. 1. — Principaux sites de production (en gras) et de consommation

Fig. 2. — Cuve moderne de foulage du raisin dans la région d'Astris
(noter la niche et, en bas, l'orifice d'écoulement du vin).

jarres *(pithoï)* installées dans les chais se déroulait solennellement
lors de la Fête des Fleurs (les Anthestéries).

Le produit était l'un des plus appréciés du monde grec : de couleur
rouge-noir (alors qu'ailleurs dominaient les vins blancs), il avait un
bouquet particulier que l'on comparait à un parfum de pomme. On
pouvait aussi en tirer toutes sortes de préparations spéciales : c'est
ainsi que pour régaler les responsables de la cité (que nous désignons
aujourd'hui du nom de «magistrats»), au dire de Théophraste, «on
jette dans le vase de la farine malaxée avec du miel, de sorte que le
vin prenne l'odeur de celui-ci et la douceur de la farine» et qu'à des
fins médicinales on en fait, selon le même auteur, «un vin soporifique
et un autre qui tient éveillés ceux qui en boivent», ou une boisson
antivenimeuse («thériaque») ou encore un sirop abortif (à condition
de cultiver près des ceps de l'hellébore, du concombre sauvage et de la
scammonée) ; transformé en vinaigre, il sert aussi, dit Pline l'Ancien,
à la confection d'un collyre «excellent contre les débuts de glaucome
et de cataracte, contre les troubles de la vue, les granulations, les
taches blanches et les maladies des paupières».

De l'avis unanime des Grecs, de Xénophon au début du IVe siècle avant notre ère jusqu'à Lucien de Samosate au IIe siècle de notre ère, le vin de Thasos est un produit de luxe : de ceux qui s'offrent au banquet organisé par le riche Athénien Callias en l'honneur de Socrate et du bel Autolykos, ou dans les «salons» des courtisanes de haut vol ; de ceux qui figurent plus tard à la table des grands souverains hellénistiques ; de ceux dont la consommation fait problème aux

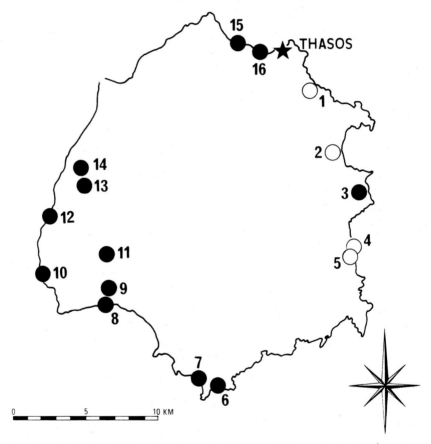

Fig. 3. — Carte des ateliers d'amphores de Thasos : ateliers certains (cercles noirs), ateliers probables (cercles blancs) au stade actuel des recherches sur le terrrain (1987) : 1. Haghios Ioannis ; 2. Tsaïri ; 3. Kalonéro ; 4. Loutro I ; 5. Loutro II ; 6. Koukos ; 7. Vamvouri Ammoudia ; 8. Liménaria ; 9. Kéramidi ; 10. Skala Mariès ; 11. Kounophia ; 12. Haghios Ghiorgos ; 13. Douka Ambéli ; 14. Palobakia ; 15. Haghia Irini ; 16. Molos.

philosophes rigoristes. Aussi bien son prix était-il élevé (bien qu'il soit assez vain de vouloir établir sur ce point de véritables comparaisons). C'est à partir de la seconde moitié du ve siècle que de nombreux textes littéraires témoignent de la vogue du vin thasien : au second rang derrière celui de Chios « l'irréprochable » ou même, au goût des personnages d'Aristophane, sur le même rang que lui, juste devant ceux de Maronée (fondation de Chios) sur la côte thrace ou de Mendè en Chalcidique (fig. 1). Au ive siècle et au iiie siècle, Thasos est toujours en excellente position parmi un nombre croissant de crus de qualité variable : Rhodes, Cos et Icaria le long de la côte asiatique, la Magnésie thessalienne et les Sporades du Nord (Skiathos, Péparèthos et Ikos), Acanthe en Chalcidique, Lesbos, ainsi qu'Héraclée du Pont, Sinope et Chersonèse en Mer Noire, etc. Ce n'est qu'à partir du iie siècle avant notre ère que la situation se modifie sensiblement au détriment de Thasos, qui s'efface complètement pendant près de quatre siècles, et au profit d'autres centres (îles ioniennes et villes du sud-est de la Mer Égée : Rhodes, Cos, Cnide) dont beaucoup produisent des vins plus ordinaires, additionnés d'eau de mer.

LES ATELIERS AMPHORIQUES

Des textes littéraires on peut donc inférer que le vin de Thasos, au temps de son apogée, était largement répandu dans le monde grec. Quelques inscriptions plus ou moins lacunaires, dont la plus ancienne est antérieure à 465, attestent également son importance dans l'économie de la cité, par le nombre et la minute des dispositions juridiques prises pour contrôler sa commercialisation à l'intérieur et à l'extérieur du territoire qui comprenait, outre l'île, une bande côtière de part et d'autre de Kavala, l'ancienne Néapolis (c'est ce qu'on appelle la « Pérée », d'où provenait un vin également réputé portant le nom de « Biblinos »). Signalons notamment, à la fin du ve siècle, une interdiction, très curieuse, faite aux navires thasiens d'introduire du vin étranger dans la zone comprise entre l'Athos au sud-ouest et le cap Pachiè à l'est (près de la frontière turque actuelle), c'est-à-dire bien au-delà des limites de la Pérée. Mais c'est de l'archéologie qu'il faut attendre les meilleures indications sur la production en vin de l'île de Thasos.

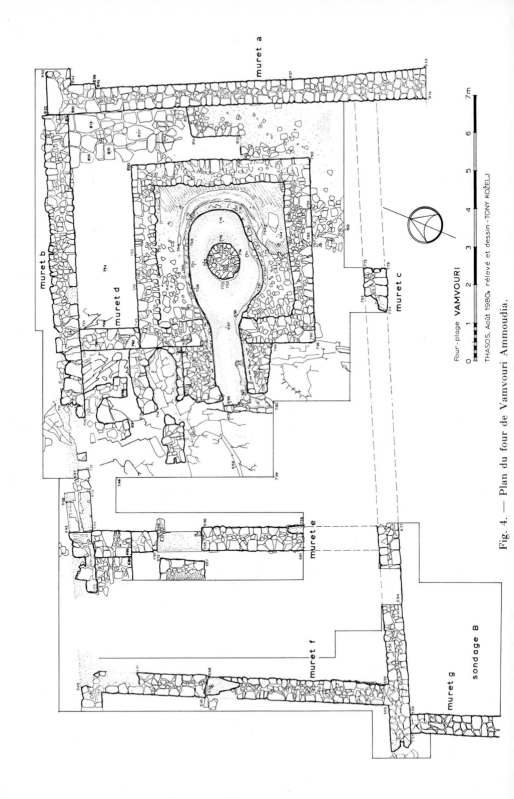

muret a

muret b

muret c

muret d

muret e

muret f

muret g

sondage B

Four-plage **VAMVOURI**

THASOS, Août 1980, rélevé et dessin -TONY KOŽELJ

0 1 2 3 4 5 6 7m

Fig. 4. — Plan du four de Vamvouri Ammoudia.

Au sortir des chais, une bonne partie de la récolte (sinon sa totalité, puisque l'usage des outres de cuir ne paraît pas avoir été très répandu dans le monde grec) était en effet transvasée dans des récipients de terre cuite, aisément identifiables, portant le nom d'amphores (c'est-à-dire d'«instruments portés des deux côtés»). Cet humble matériel d'emballage céramique pouvait certes être utilisé à d'autres fins : pour le transport de n'importe quel liquide (eau et surtout huile), voire d'un certain nombre d'autres denrées (céréales, miel, poissons en saumure, olives, ou même amandes et noix). Mais tout porte à croire que, dans les grands centres viticoles comme Thasos, c'était bien le vin qui était sa principale raison d'être.

La fabrication d'amphores était, du point de vue technique, à la portée de n'importe quelle cité grecque, comme de la plupart des sociétés paysannes traditionnelles. A Thasos comme ailleurs, elle comportait d'abord divers travaux de tamisage, raffinage et pétrissage de l'argile, auxquels succédait le tournage de deux ou trois parties constitutives (col, haut et bas de panse) qui étaient ensuite assemblées à l'aide d'une fine solution argileuse portant le nom de «barbotine», complétées par un fond plus ou moins pointu et

Fig. 5. — Four de Vamvouri Ammoudia.

pourvues d'anses en boudin légèrement aplati. Au bout de quelques jours de séchage en bâtiment fermé ou sous appentis, on procédait à la cuisson.

Celle-ci, qui devait se faire à une température approchant 1 000 degrés, exigeait un four construit, dont nous avons naguère découvert deux exemplaires à Thasos : l'un (fig. 4 et 5) à Vamvouri Ammoudia au sud de l'île (fig. 3), localisé en 1979 à l'aide d'un magnétomètre à protons qui permet de détecter l'anomalie magnétique offerte par toute masse d'argile cuite, et l'autre découvert fortuitement en 1985 lors de la fouille de l'atelier amphorique de Kounophia, dans la vallée de Mariès. Ces deux fours, qui devraient dater respectivement de la première moitié des IIIe et IIe siècles, sont de conception identique que l'on retrouve, par exemple, au IVe siècle à

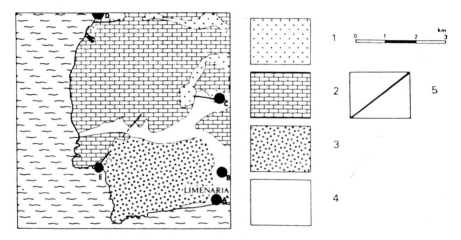

Fig. 6. — Ateliers amphoriques de Liménaria (A), de Kéramidi (B), de Kounophia (C), de Haghios Ghiorgos (D) et atelier céramique de Phari (E) : 1. gneiss et schistes cristallins ; 2. calcaires et dolomies recristallisées ; 3. conglomérats ; 4. alluvions récentes ; 5. failles.

Sindos dans la banlieue de Thessalonique et, au siècle suivant, à Chersonèse de Crimée (fig. 7). On n'en a conservé que la chambre de chauffe en forme de poire, avec le massif quadrangulaire qui limitait les déperditions de chaleur et l'alandier à l'entrée duquel se trouvait le foyer. Au centre un pilier, qui était construit en fragments de tuiles et autour duquel rayonnaient, comme supports de sole, des barres d'argile cuite dont on a retrouvé de nombreux exemplaires. Il s'agit là de fours « verticaux » (de loin les plus courants dans le monde gréco-

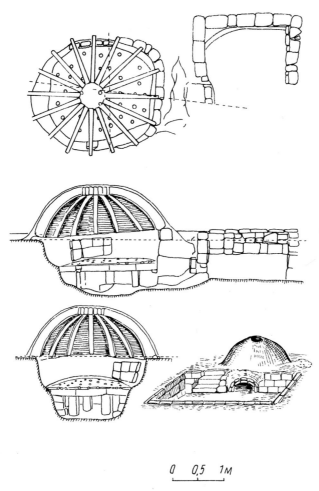

0   0,5   1м

Fig. 7. — Reconstitution du four 2 de Chersonèse.

romain) où la circulation de l'air chaud se fait de bas en haut dans la chambre de cuisson, à travers les trous d'évent de la sole et de la coupole : leur capacité, à Chersonèse, a été estimée à 80 amphores et leur fréquence d'utilisation à une douzaine de fournées par an. Avant de recevoir du vin, ces récipients étaient enduits intérieurement de poix pour remédier à la porosité des parois (ce qui a donné naissance, en Grèce, à la tradition du vin résiné) et étaient ensuite pourvus de bouchons scellés au plâtre, dont des exemplaires en argile cuite et en schiste ont été découverts à Thasos.

Pour les potiers, la principale difficulté était de disposer d'une pâte argileuse propice au tournage et se comportant bien au feu : ce qui supposait qu'on y adjoignît une certaine quantité de « dégraissant » (qui était à Thasos composé de quartz) et surtout qu'on se ravitaillât dans de bonnes argilières. Or celles-ci ne se rencontrent pas partout dans l'île. Car l'étroitesse des plaines côtières qui frangent son noyau montagneux n'y autorise guère la formation d'argile sédimentaire par simple tri gravitationnel des matériaux détritiques. On n'y trouvera donc pratiquement que des argiles résultant de la décomposition sur place des roches silicatées (gneiss et schistes) plus ou moins métamorphisées qui s'intercalent entre les puissantes couches de marbre et de calcaire dolomitique : ce qui ne peut donner que de maigres résultats dans les conditions normales de l'érosion météorique (pluie et gel). Ainsi s'expliqueraient la dispersion de la quinzaine d'ateliers amphoriques localisés à ce jour dans l'île de Thasos (fig. 3), leur situation fréquente en des zones d'accès difficile (surtout par mer, qui est la voie de circulation naturelle des amphores), et la faible longévité de beaucoup d'entre eux (une, deux ou trois générations) : c'est que leur implantation répond à des conditions géologiques très contraignantes qui paraissent souvent tenir, très précisément, à l'existence de failles où la décomposition des gneiss est facilitée par des frictions mécaniques et des remontées hydrothermales (fig. 6).

Et c'était pourtant par milliers, sinon par dizaines de milliers, que les amphores sortaient annuellement des ateliers thasiens, qui fabriquaient également toutes sortes de vases de table, comme le prouve la composition des dépotoirs (fig. 8 et 9) où s'accumulaient les déchets de fabrication (surcuits et incuits, pièces fêlées et cassées, débris de fours). Le nombre de ces ateliers peut être aisément calculé (pour des raisons qui apparaîtront ensuite) : une trentaine aux meilleurs moments (en gros du milieu du IVe au milieu du IIIe siècle) — ce qui nous fait penser que nous n'en avons pour le moment découvert que la moitié (ou peut-être même que le cinquième, si l'on tient compte de la faible longévité de beaucoup d'entre eux).

Fig. 8. — Affleurement du dépotoir de Vamvouri Ammoudia.

Fig. 9. — Vue en coupe du dépotoir de Koukos.

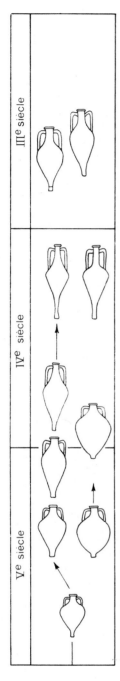

LES AMPHORES THASIENNES

Les amphores ont en commun certaines caractéristiques formelles : une paire d'anses s'appuyant à la fois sur le col et sur le sommet de la panse, qui facilite leur manipulation à la main ou au moyen de cordages, et un fond sinon pointu, du moins en bouton, qui les empêche certes de se tenir sans support en position verticale, mais permet en revanche de les planter dans un sol meuble, de les superposer en rangées imbriquées et, surtout quand elles sont pleines, de mieux répartir la charge en les agrippant aux deux extrémités.

Cela dit, chaque centre de production avait son propre, ou plus fréquemment ses propres types d'amphores (hormis les cas, assez rares et généralement tardifs, d'imitations de cité à cité) : si bien qu'une amphore de Thasos, avec un peu d'habitude, se dinstingue au premier coup d'œil, par sa forme autant que par sa pâte, d'une amphore étrangère. D'autre part, chacun de ces types évoluait plus ou moins au fil des décennies : ce qui peut nous aider à les dater.

En fait, même si l'on s'aide des représentations (assez schématiques, mais relativement bien datées) qui figurent sur les monnaies et sur les timbres céramiques (voir les photographies de couvertures), nous n'aboutissons sur ce point qu'à des conclusions décevantes — tant il paraît difficile, pour le moment, de retracer dans le détail l'évolution typologique des amphores thasiennes (fig. 10).

Fig. 10. — Schéma évolutif des amphores thasiennes selon I. B. Brašinskij.

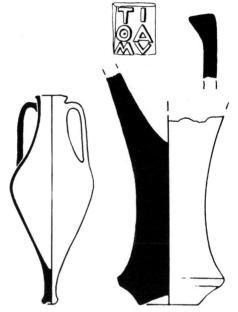

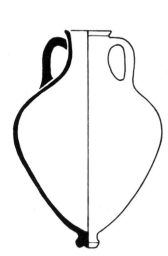

Fig. 11. — Amphore de la
seconde moitié du Vᵉ s.

Fig. 12. — Amphore biconique des environs
de 390 : Ép. Ti(-).

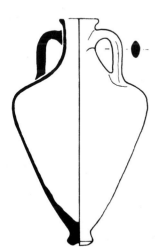

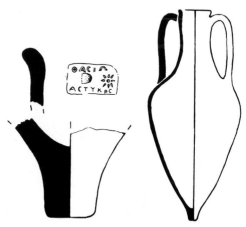

Fig. 13. — Amphore des
environs de 360
(Éch. : 1/10).

Fig. 14. — Amphore du IIIᵉ s., au nom
d'Astykréon.

On ne peut en tout cas s'en faire une idée qu'à partir du ve siècle, grâce surtout aux trouvailles de Mer Noire : ce seraient des vases d'une capacité avoisinant souvent 30 litres, dont la panse est de forme pithoïde ou ovoïde, le pied en sabot nettement caréné et la lèvre diversement ourlée (fig. 11). C'est vers le début du ive siècle que l'épaulement de la panse se marque plus vigoureusement et que s'effile parfois sa partie inférieure pour se terminer par une sorte de tige pleine (fig. 12). D'où se dégage un type «biconique» qui va s'accentuant jusque vers la fin du siècle et dont la capacité varie entre 7 et 12 litres : c'est le type le plus représentatif de la production thasienne jusqu'au début du iiie siècle, aussi bien dans les dépotoirs de consommateurs que parmi les rebuts d'ateliers thasiens. Au second rang se maintient cependant un type «en toupie» (fig. 13) dont le col et le pied courts rappellent davantage le ve siècle et dont la capacité peut être d'une vingtaine de litres. Quelques détails connaissent à cette époque une évolution significative : notamment la lèvre, à pan coupé depuis le début du ive siècle, s'arrondit à partir des années 330-320. Dans le courant du iiie siècle, on semble bien en revenir à un type plus ou moins uniforme (fig. 14) dont le col est allongé et dont la panse, fuselée, se termine par un pied court en bouton (ou même simplement en ogive).

Même si ce schéma évolutif s'avère fondé, il est cependant à craindre qu'il n'admette dans le détail de nombreuses variantes, de capacité et surtout de forme, dues aux traditions particulières des différents ateliers : et le moment n'est pas encore venu de poursuivre l'analyse à ce niveau !

Nous devons donc pour l'instant renoncer à asseoir solidement, sur de simples bases typologiques, une chronologie quelque peu précise des amphores thasiennes. Pour nombre d'entre elles, nous disposons fort heureusement d'un bien meilleur critère de datation.

LES TIMBRES AMPHORIQUES

Beaucoup d'amphores thasiennes d'époques classique et hellénistique étaient en effet, au moment de leur fabrication, marquée d'un timbre : selon un pourcentage apparemment très variable qui, aux ive-iiie siècles, semble avoir souvent tourné autour de 50 %, mais qui, dans l'atelier de Kounophia (début iiie-milieu iie siècle), pourrait

Fig. 15. — Cachet de l'éponyme Astykréon.

avoir atteint 100 %... Ce timbre était généralement apposé sur la courbure supérieure de l'une des anses et, beaucoup plus rarement (à la fin du Vᵉ et au début du IVᵉ siècle), sur la partie basse de l'anse ou même sur le col. L'impression se faisait à l'aide d'un cachet de terre cuite : on n'en a, curieusement, retrouvé qu'un seul exemplaire (fig. 15) qui pourrait bien n'avoir jamais servi — comme si tous les autres avaient été détruits après usage.

La seule caractéristique commune de tous les timbres thasiens, dont le nombre doit aujourd'hui avoisiner 25 000 (dont plus de 15 000 à Thasos même), est qu'ils présentent un contenu en relief dans un cadre en creux (mis à part un ou deux exemplaires dont le contenu est lui-même en creux). Pour le reste, ils peuvent différer entre eux par la forme et les dimensions du cadre (qui est généralement rectangulaire), aussi bien que par la nature du contenu. Leur présentation, nécessaire à la compréhension des problèmes historiques qu'ils soulèvent, ne peut donc qu'exiger du lecteur une certaine attention, quel que soit l'effort de clarté que je pourrai m'imposer.

Fig. 16. — Timbres anciens de Thasos : a) Aile, ép. Hippidès et fabr. Dèmalkès.
b) Brûle-parfum, ép. Pei(-) et fabr. Dèmalkès. c) Vase, palmette et canthare,
ép. Mes(-) et fabr. Ari(stagoras). d) Dauphin, ép. Aristok(-) et fabr. Dèmalk(ès).
e) Torche, ép. pilos et fabr. Dèmalkès. f) Carquois, ép. ΓΑ et fabr. Agaïd(ès).
g) Héraclès archer, ép. Aristom(énès) et fabr. Eurya(nax). h) Tête de jeune homme,
ép. Mégon et fabr. Léophantos.

Commençons par la grande masse d'entre eux, qui comporte à la fois un emblème et une légende : selon les indications fournies par celle-ci, on parlera soit de timbres «anciens», soit de timbres «récents».

Sur les timbres anciens (fig. 16) figurent souvent (mais pas nécessairement...) l'ethnique, c'est-à-dire le nom des Thasiens (**ΘΑΣΙΟΝ** ou **ΘΑΣΙΩΝ**), ainsi que, en principe, deux noms d'individus : d'une part le nom d'un magistrat annuel qui, dans sa sphère de compétence, donnait (en l'absence de tout autre type de calendrier) son nom à l'année et jouait en cela un rôle d'«éponyme» (c'est le nom de ce magistrat qui peut être, exceptionnellement, remplacé par le monogramme **ΓΑ** ou par un symbole éponymique : étoile, carquois, coupe sans pied appelée phiale ou petit bonnet pointu qualifié de pilos) ; d'autre part, le nom d'un «fabricant» (n'en disons pas plus pour le moment) qui reste généralement en activité sous plusieurs éponymes. Quant à l'emblème (ou attribut), c'est le plus souvent un motif banal puisé dans un fonds commun qui se retrouve d'un éponyme à l'autre (oiseau, poisson, corne d'abondance, palmette, trépied, etc.) ; mais il peut aussi exceptionnellement revêtir une certaine signification «patriotique» (tête d'Héraclès, Héraclès archer, arc et massue, qui sont les véritables armes parlantes de la cité thasienne). A noter cependant qu'au tout début des timbres anciens il peut se trouver que ces diverses indications aient été réparties entre deux cachets différents, complémentaires l'un de l'autre et apposés ou non sur la même anse : ainsi en va-t-il des petits poinçons au nom de l'éponyme Satyros qui accompagnent des timbres ronds portant une tête de satyre et un nom de fabricant (fig. 17 a), ainsi que de l'ensemble des séries de timbres à deux ou trois lignes superposées dont l'emblème devait figurer seul sur un timbre indépendant (fig. 17 b et c). Ce dernier genre de timbres sans inscription ne doit pas être confondu avec ceux, de forme et de dimensions variées, qui paraissent avoir appartenu au «proto-timbrage» thasien du v⁵ siècle dont on ne sait, pour le moment, s'ils désignaient les éponymes ou les fabricants (fig. 17 d et e) ; d'une autre espèce étaient également les timbres-gemmes (fig. 17 f et g) que l'on apposa occasionnellement à toute époque, pour une raison inconnue, à l'aide d'un chaton de bague.

Quelques-uns des éponymes gardaient le même emblème sur tous les cachets qu'ils destinaient aux divers fabricants. Mais la plupart y faisaient représenter autant d'emblèmes différents. La mise en page de tous ces éléments dépendait *du* graveur (rarement des graveurs)

Fig. 17. — Timbres de Thasos : a) Poinçon de l'ép. Satyros et timbre du fabr. Satyros avec tête de satyre. b) Ép. Charo(-) et fabr. Phast(-). c) Tête d'Héraclès. d) Tête de bœuf. e) Casque. f) Satyre dansant. g) Éros.

choisi par chaque éponyme, dont tous les timbres présentent donc généralement un certain « air de famille ».

La principale différence entre les timbres « anciens » et les timbres « récents » (fig. 18), c'est que ceux-ci ne comportent plus, outre l'ethnique (généralement présent) et l'emblème, qu'un seul nom propre (parfois accompagné d'une abréviation ou d'un monogramme qui semble bien compléter ce nom par celui du père, ou patronyme). On a longtemps cru qu'il s'agissait là du fabricant, qui aurait daté sa production en changeant périodiquement d'emblème (jusqu'à une trentaine de fois). En fait, il en va tout autrement, comme il a été possible de le démontrer en 1978 grâce à la fouille du premier des ateliers amphoriques découverts dans l'île : celui de Koukos, dans la plaine d'Astris.

Son dépotoir a en effet livré un millier de timbres (une faible partie de ce qu'il peut contenir) dont la composition s'est avérée très curieuse : on y a trouvé une cinquantaine de noms différents (compte tenu de quelques homonymes) dont chacun, représenté souvent à des dizaines d'exemplaires issus d'un même cachet, était quasiment toujours accompagné du même emblème — le tout devant couvrir une période estimée à une soixantaine d'années. Comment dès lors admettre qu'en une soixantaine d'années un nombre presque équivalent de fabricants ait pu travailler à Koukos, et chacun une seule année, en précurseur des «Compagnons» de l'ancien tour de France...? Il allait donc de soi que c'étaient des noms d'éponymes annuels (dont un petit nombre, parmi ceux de Koukos, a dû fortuitement échapper à nos recherches). Et si c'étaient eux qui dataient les timbres, cela voulait dire que c'étaient les emblèmes qui les localisaient, en d'autres termes qui se rapportaient aux fabricants — chacun de ceux-ci en recevant un nouveau chaque année de la part du magistrat compétent, qui puisait pour cela dans un stock de motifs traditionnels. Système annuel de timbrage récent qui peut être résumé de la façon suivante :

Ethnique + Nom du magistrat ép. + Emblème du fabr. : a pour fabr. α
(sauf   (date)   (localisation)   b pour fabr. β
exceptions)   c pour fabr. γ
                                                              etc.

Pour achever la démonstration, il ne restait plus qu'à découvrir d'autres ateliers thasiens, plus ou moins contemporains du précédent : on devait y trouver, pour les mêmes années, les mêmes noms d'éponymes qu'à Koukos, mais toujours accompagnés d'un emblème différent. Ce qui se vérifia amplement par la suite : à Vamvouri Ammoudia en 1979-1980, à Kalonéro en 1981, à Kéramidi en 1984 et à Kounophia en 1985 — sans compter les autres ateliers amphoriques qui n'ont pu encore être fouillés et ne sont connus que par des trouvailles de surface (Molos à la sortie occidentale de Liménas, Haghia Irini un peu plus au sud, Palobakia et Douka Ambéli dans la région de Kallirachi, Liménaria, etc.).

A la règle précédemment établie il y a cependant quelques exceptions, au moins apparentes : en ce sens que, dans un dépotoir d'atelier, une petite minorité d'éponymes peut apparaître sur 2, 3 ou 4 types de timbres avec des emblèmes différents... Mais ces divers types homonymiques ne s'y rencontrent pas avec la même fréquence : parmi eux, il en existe généralement un qui est abondamment attesté, tandis que les autres ne le sont qu'à un, et au plus à deux ou trois exemplaires. Cette constatation nous a fait d'emblée supposer que le premier était de fabrication locale, tandis que les autres étaient d'origine exogène et n'étaient entrés dans la composition du dépotoir que pour des raisons fortuites : en tant qu'objets de consommation, ou plus encore de commerce (d'autant que les exceptions étaient

Fig. 18. — Timbres récents de Thasos : a) Arc et lettre E, ép. Hèrakleitos.
b) Torche, ép. Amphotérès. c) Grappe, ép. Arotès. d) Héraclès archer et canthare,
ép. Léodikos. e) Canthare, ép. Hèraklei(-). f) Étoile, ép. Tèlémachos. g) Roue de profil,
ép. Prèxipol(is). h) Grappe, ép. Diagoras. i) Épi, ép. Kadmos. j) Palmette?,
ép. Meikas, sur anse torsadée (approximativement dans l'ordre chronologique).

particulièrement nombreuses à Vamvouri Ammoudia, au bord d'une plage qui devait constituer un lieu privilégié d'exportation par mer des ateliers de la plaine d'Astris). Dans un certain nombre de cas, la provenance de ces types secondaires a du reste pu être précisée d'après les trouvailles faites dans d'autres ateliers.

Une preuve complémentaire de la validité de cette explication nous a ensuite été apportée par toute une série d'analyses de pâte réalisées au Laboratoire de Céramologie de Lyon. Le procédé utilisé a été celui de la spectrométrie à rayons X qui permet d'identifier et de quantifier certains éléments caractéristiques de la céramique, au nombre généralement d'une douzaine : à partir de quoi on peut se livrer à toutes sortes de calculs et construire en particulier un diagramme arborescent, ou dendrogramme, qui matérialise les ressemblances de composition existant entre les échantillons — ressemblances d'autant plus grandes que le sommet des ∏ de liaison est proche de la base du dendrogramme. On a pu ainsi confirmer par exemple l'extranéité des types secondaires contenus dans le dépotoir de Kalonéro (fig. 19) — à l'exception de l'un d'entre eux (n⁰ 169) qui témoigne soit de l'installation temporaire sur les lieux d'un second fabricant, soit plutôt d'un changement de cachet en cours d'année, correspondant peut-être à un changement de fabricant.

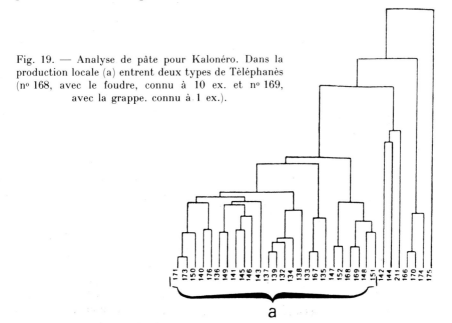

Fig. 19. — Analyse de pâte pour Kalonéro. Dans la production locale (a) entrent deux types de Tèléphanès (n⁰ 168, avec le foudre, connu à 10 ex. et n⁰ 169, avec la grappe. connu à 1 ex.).

COMMENT DATER
LES TIMBRES AMPHORIQUES?

Un des objectifs majeurs de nos recherches est d'établir la chronologie de ces timbres qui sont pour la plupart, comme on vient de le voir, théoriquement datables à une année près. Établir d'abord leur chronologie relative, c'est-à-dire leur ordre de succession.

L'entreprise a longtemps paru désespérée — malgré les indications ponctuelles (mais bien souvent floues et ambiguës) qu'on pouvait tirer de la coexistence de tel et tel éponymes dans un même complexe archéologique (tombe, dépotoir ou couche d'occupation) ou de leur présence dans des complexes successifs. Mais les progrès récents de la discipline autorisent désormais à nourrir quelque espoir de la voir un jour aboutir, à long terme. D'une part, l'étude formelle des timbres eux-mêmes a en effet permis d'établir entre quelques-uns des éponymes un rapport étroit fondé sur des regravures de cachets

a   b

Fig. 20. — Timbre d'un cachet de Timarchidas (a) regravé au nom d'Hèrophon (b) — avec trace, en bas, de l'A final de Timarchida.

(fig. 20) et aussi de les regrouper parfois en «groupes stylistiques» dont la cohérence chronologique est assurée par l'intervention, dans chacun d'entre eux, d'un même graveur présentant dans le même style un certain nombre d'emblèmes identiques (fig. 21). D'autre part, en comparant les éponymes présents et absents dans les ateliers partiellement contemporains (fig. 22), ou, mieux encore, en tenant compte de leur association, dans les ateliers anciens, avec les fabriquants successifs, on peut également classer les uns par rapport aux autres des «paquets éponymiques» dont l'épaisseur se réduit

Fig. 21. — Groupe au rhyton (a, b, c) : Dèmalkès, Théopompos, Idnadès ; et groupe à la feuille de lierre (d, e, f) : Philonidès Si(-), Pythion Ly(-), Simalion Athè(-).

progressivement avec la multiplication des interférences. Bricolage lent et délicat, vaste puzzle, sorte d'enquête policière qui ne peut être l'affaire que de spécialistes ayant en tête ou dans leurs fichiers l'ensemble du matériel disponible (en attendant de recourir peut-être un jour à des moyens informatiques).

Le point d'aboutissement est d'établir une chronologie absolue, en « accrochant » cette chronologie relative à des événements historiques bien datés. Au moins dans le cas de Thasos, cela ne peut cependant se faire directement — aucun aspect du timbrage ne portant la marque évidente de telle ou telle péripétie de l'histoire de la cité. On ne dispose donc, en l'occurrence, que d'arguments indirects, de nature archéologique, qui introduisent toujours dans nos calculs un certain « jeu » : soit que l'on date le matériel amphorique d'après un autre type de matériel mieux daté (au mieux à une dizaine d'années près, comme c'est parfois le cas de la céramique attique à figures rouges), soit qu'on arrive à situer son enfouissement en tel ou tel endroit par rapport à un événement historique déterminé (par exemple après la construction ou avant la destruction d'un bâtiment ou d'une agglomération entière). Chaque éponyme ou groupe d'éponymes se trouve ainsi pris dans toute une série de « fourchettes » chronologiques d'ampleur et de fiabilité variables.

Le moment crucial de la production amphorique à Thasos est pour nous le passage des timbres anciens aux timbres récents (si tant est qu'il n'y ait pas eu d'interférence entre eux). On le situe traditionnel-lement en 340 ou aux environs de cette date — entre autres parce qu'on y voyait le résultat d'une mainmise sur l'île par Philippe II de Macédoine. Disons plutôt (une telle corrélation n'étant nullement évidente) que, du point de vue archéologique, il se situe certainement durant le troisième quart du IVe siècle et que, dans ce laps de temps, 340 n'est qu'une date moyenne qu'il conviendrait peut-être d'abaisser de 5 ou 10 ans. Comme l'on compte une soixantaine d'éponymes anciens, l'apparition du timbrage légendé sur les amphores thasiennes se trouve ainsi reportée à la fin du Ve siècle ou, plus vraisemblable-ment, au tout début du IVe — ce qui constituait alors une nouveauté dans le monde grec, bientôt imitée par plusieurs autres centres dont les plus importants furent d'abord Héraclée du Pont et Sinope, suivis par Chersonèse, Rhodes, Cos et Cnide. Quant au proto-timbrage non légendé (également présent dans d'autres cités telles que Chios), on ne sait trop quand en fixer le point de départ à l'intérieur du Ve siècle, voire encore plus tôt...

De façon générale, on peut dire que la chronologie des timbres thasiens est désormais relativement bien connue (à 10 ou 20 ans près, ce qui est déjà exceptionnel en archéologie) depuis le début du IVe jusque vers le milieu du IIIe siècle. Par la suite, la situation devient plus confuse, à tel point que l'on ne s'accorde pas sur le moment où le timbrage thasien, après une période de raréfaction, s'interrompt totalement : sans doute vers le milieu du IIe siècle avant notre ère, alors qu'il se poursuit dans d'autres centres, comme Rhodes, jusque vers le milieu du siècle suivant.

POURQUOI TIMBRAIT-ON ?

Quel que soit l'intérêt de ces datations pour les archéologues, l'historien ne saurait cependant se contenter de classer dans cette perspective les timbres amphoriques, en bon collectionneur. Ce ne sont là pour lui que travaux préparatoires (indispensables certes) à une meilleure compréhension de ces micro-États que constituent les cités grecques, et en particulier de la vie économique à laquelle ressortit essentiellement ce genre de matériel.

Essentiellement, ai-je dit, et non exclusivement. Car les timbres amphoriques peuvent fournir bien d'autres indications. Ils enrichissent d'abord notre connaissance du registre des noms propres plus ou moins caractéristiques des Thasiens : la plupart de ces noms étant, il est vrai, connus par ailleurs et ne se distinguant guère, ni chez les éponymes ni chez les fabricants, de ceux que portent les aristocrates thasiens mentionnés dans les inscriptions officielles ou dans certains textes littéraires tels que les *Épidémies* d'Hippocrate (fin du Ve siècle). Et la manière dont ils sont orthographiés est également matière à réflexion pour le linguiste, de même que pour l'épigraphiste la forme des lettres utilisées, en particulier celle du *sigma* qui a connu une évolution curieuse : angulaire (**Σ**) jusqu'au début du IIIe siècle et même peut-être jusque dans les années 280, il devient ensuite lunaire (**C**) avant de redevenir angulaire au bout d'une soixantaine d'années, puis de nouveau lunaire — avec, probablement, certaines interférences entre l'une et l'autre graphie. Du point de vue iconographique, également, leurs emblèmes constituent une mine de renseignements (qui n'a pas encore été suffisamment exploitée) : par exemple sur l'évolution de la forme des vases (et notamment, comme nous l'avons vu, des amphores elles-mêmes), sur des œuvres d'art par ailleurs

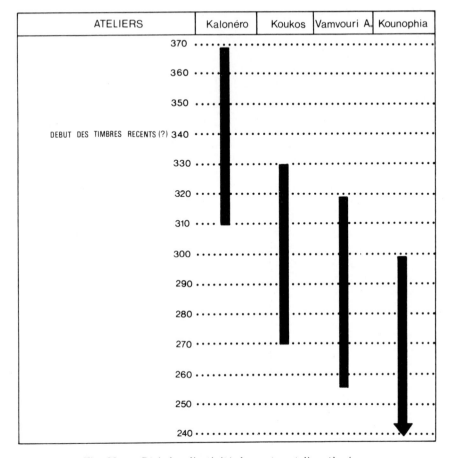

Fig. 22. — Périodes d'activité de quatre ateliers thasiens.

disparues (telle la danseuse figurant sur un timbre de Krinis aux environs de 330 : fig. 23 a) ou pour l'identification de motifs rares — tels que les assemblages de poutres appelés *dokana* (fig. 23 b) — et les hermès «à gaine formant un angle» (fig. 23 c) qui se rapportent aux cultes respectifs des Dioscures et de Priape.

Venons-en cependant aux questions de plus grande portée pour la vie de la cité.

La première est, bien évidemment, celles des raisons du timbrage amphorique, qu'aucun texte littéraire ou épigraphique n'éclaire à

b

a   c

Fig. 23. — Emblèmes de timbres thasiens récents.

Thasos non plus que dans le reste du monde grec. Maintes réponses y
ont été apportées — souvent au nom du simple « bon sens » qui se
persuade volontiers de l'éternité des comportements économiques
auxquels il est accoutumé. L'imagination ne suffit pas non plus en la
matière. L'essentiel est en effet que la réponse apportée rende compte
de l'ensemble des données archéologiques exposées ci-dessus — et en
plus d'une autre, que nous avons tue jusqu'ici : à savoir qu'à Thasos,
comme en plusieurs autres endroits, les cachets qui servaient à
timbrer les amphores étaient également utilisés pour le timbrage des
tuiles, ou plus exactement d'un certain pourcentage de tuiles (encore
plus difficile à évaluer qu'à propos des amphores).

De ce fait se trouve exclue toute explication fondée sur le contenu
des amphores, à savoir le vin dont on aurait voulu ainsi garantir l'âge
ou la provenance.

Étant donné que l'ethnique et le fabricant ne sont pas toujours,
tant s'en faut, mentionnés sur les timbres, on peut également écarter
tout souci publicitaire en faveur de la communauté ou de particuliers
— d'autant plus que le pourcentage d'amphores timbrées semble
avoir été sensiblement le même dans les trouvailles faites à l'extérieur
ou à l'intérieur de l'île.

De la négligence fréquemment mise à l'apposition des cachets (au
point de rendre le résultat peu lisible au sortir même de l'atelier) et de
la complexité des systèmes de timbrage on doit au contraire conclure,
me semble-t-il, que seul était à même de s'y reconnaître un
« bureaucrate » chargé d'un contrôle administratif portant sur la
fabrication plutôt que sur la commercialisation des amphores et tuiles

— ce qui convient bien à un type d'économie aussi réglementé et «politisé» que celui des cités grecques.

Mais cela ne nous donne toujours pas la raison précise pour laquelle un certain pourcentage seulement de ces vases a été timbré. L'hypothèse actuellement la plus répandue, selon laquelle il s'agirait d'une garantie de capacité, ne me paraît pas satisfaisante, et ce pour deux raisons essentielles : d'un côté parce que l'on n'a jamais pu démontrer que la capacité des amphores timbrées variait dans des proportions moindres que celle des amphores non timbrées — car c'est bien cela qu'il faudrait prouver, et non pas seulement que la capacité de telle ou telle série d'amphores est en gros toujours la même (à 10 % près), comme on peut l'attendre de n'importe quelle production artisanale ; et d'un autre côté parce que l'on ne voit pas l'intérêt de fabriquer des récipients (et encore moins des tuiles !) dont les mesures sont proclamées d'avance, par l'absence de timbres, non garanties !

Plutôt que de verser dans l'arbitraire, il vaut donc mieux laisser la question (provisoirement ?) pendante : nous connaissons si peu du contrôle multiforme exercé par les magistrats des cités grecques sur la vie économique que bien des procédures bureaucratiques sont assurément envisageables — surtout dans la perspective fiscale (et non «productiviste») qui était la leur.

LE STATUT SOCIO-ÉCONOMIQUE
DES FABRICANTS

De la nature du magistrat éponyme dont le nom (ou le symbole) figure régulièrement sur les timbres thasiens nous ne pouvons non plus rien dire, sinon qu'il ne peut s'agir de l'un des magistrats principaux de la cité (archontes et théores) dont on a conservé des listes assez bien fournies. On peut simplement émettre l'hypothèse que c'était un magistrat subalterne chargé des affaires urbaines (un astynome, comme c'était le cas à Sinope et à Chersonèse) ou de l'organisation du marché (un agoranome, dont l'existence est attestée à Thasos et qui est également mentionné sur certains timbres étrangers).

La personnalité des fabricants thasiens commence en revanche à mieux apparaître.

On sait d'abord à quel titre ils figuraient sur les timbres : en tant

que *kéramarques* («chefs de poterie») — terme présent sur une petite
série de timbres anciens au nom de l'éponyme Pythion, qui portent
tous comme emblème l'Héraclès archer. Qu'il ne s'applique pas au
magistrat, comme on l'a longtemps pensé, mais aille avec le nom du
fabricant, c'est ce que prouve la disposition même de la légende sur
un exemplaire provenant de Panticapée (Kertch) et conservé au
Musée des Beaux Arts — Pouchkine à Moscou (fig. 24 b). C'est le
même personnage que celui qui est parfois désigné à Rhodes et Sinope
du nom d'*ergastèriarque* («chef d'atelier») et aussi, dans cette dernière
ville, du nom de *kérameus* («potier»). Difficile dans ces conditions de
voir dans le fabricant un de ces modestes artisans, sans doute pour
la plupart esclaves, qui travaillaient de leurs mains à la confection
des amphores.

a   b

Fig. 24. — Timbres de Pythion : *kéramarque* inconnu (a) et *kéramarque* Pyladès (b).

Dans le même sens plaide l'appartenance, plus que probable, des
deux principaux *kéramarques* de l'atelier de Kalonéro, Aristagoras (ou
Aristagorès) et Dèmalkès, à une grande famille aristocratique qui
apparaît régulièrement, au IVᵉ et au IIIᵉ siècle, sur les listes des
magistrats thasiens : en la personne notamment d'Aristagoras I fils de
Dèmalkès I, qui fut théore vers 368 ; de son fils Dèmalkès II fils
d'Aristagoras I qui exerça l'archontat vers 330-320 ; de son petit-fils
Aristagorès II fils de Dèmalkès II qui fut théore vers 280 et semble
également avoir été archonte une quinzaine d'années plus tôt. Les
deux premiers ne seraient autres que nos *kéramarques* de Kalonéro qui
furent en activité d'une part vers 370-350 et d'autre part à partir de
350. Et l'histoire se corse encore davantage si l'on remarque qu'au
nombre des théores des environs de 375 (sept ans avant Aristagoras I

fils de Dèmalkès I) figure un certain Léophantos fils de Dèmalkès (donc le frère aîné du précédent) qui est le seul autre *kéramarque* présent à Kalonéro, associé qui plus est à deux éponymes légèrement plus anciens que ceux d'Aristagoras. De telles rencontres ne peuvent être l'effet du hasard !

Dès lors se pose le dilemme suivant : dans cette famille, faisait-on partie de l'aristocratie parce qu'on était patron-potier (comme nous le penserions spontanément à l'image du monde moderne) ou était-on au contraire patron-potier parce qu'on faisait partie de l'aristocratie ?

A la seule lumière de l'atelier de Kalonéro, on serait fortement tenté d'adopter la seconde de ces hypothèses et d'imaginer que les fabriques d'amphores (ainsi que de tuiles) étaient attachées aux grands domaines qui devaient constituer le fondement économique de l'aristocratie thasienne comme de celle de la plupart des cités grecques : c'est-à-dire que, bien loin d'être l'objet d'une activité artisanale autonome, c'était là une sorte d'appendice de la vie agricole destiné à satisfaire en priorité les besoins de l'exploitation domaniale et aussi, sans nul doute, à en accroître les revenus par des ventes aux particuliers — selon un principe de diversification et d'intégration verticale, dans un esprit autarcique, des activités économiques de l'aristocratie foncière qui n'est pas sans parallèle dans l'Athènes du IVe siècle ou dans le monde romain.

Mais ce shéma explicatif s'est trouvé ensuite quelque peu brouillé, voire contredit, par la fouille de l'atelier de Kéramidi : car nous avons ici affaire, durant le même laps de temps, non plus à un petit nombre de *kéramarques* pouvant paraître installés à demeure tout au long de leur vie active dans un atelier «de famille», mais à un assez grand nombre (près d'une dizaine) qui a cessé d'exercer au bout d'un ou deux ans ou a dû réaliser le reste de sa production dans un autre atelier. Or une telle instabilité est plutôt imputable à des artisans qu'à des propriétaires fonciers : car comment penser que l'atelier de Kéramidi, s'il avait été de caractère domanial, ait pu si souvent changer de mains ? Faut-il dès lors imaginer un tout autre système, d'affermage plus ou moins temporaire des argilières de l'île par de grands propriétaires fonciers ou de contrats d'approvisionnement passés par eux avec des artisans indépendants, et admettre qu'ont coexisté à Thasos deux systèmes d'exploitation relevant de deux catégories sociales différentes ? Le débat se trouve ainsi relancé (compliqué dans l'immédiat et certainement enrichi à terme). La réponse ne pourra résulter que de la poursuite de l'exploration des ateliers anciens de Thasos — s'accompagnant de la mise en relation, non réalisée à ce jour, des dépotoirs et des fours amphoriques avec l'ensemble des installations afférentes et l'habitat environnant (villages et tours-fermes qui commencent, fort heureusement, à retenir l'attention des archéologues).

LE COMMERCE DES AMPHORES THASIENNES

Un trait supplémentaire de la personnalité des *kéramarques* et de leur insertion dans la société globale pourrait bien également se dégager un jour de l'étude de la circulation des amphores. Selon que la composition des lots de timbres découverts ici et là (sur terre et aussi, espérons-le, dans des épaves) attestera des relations suivies entre un groupe donné de consommateurs et un nombre limité d'ateliers thasiens ou témoignera au contraire d'un «brassage» du matériel imputable à des intermédiaires, on pourra en effet conclure soit que les *kéramarques* présidaient eux-mêmes à la commercialisation de leurs produits, soit qu'ils se reposaient pour cela sur une classe spécialisée et relativement autonome de trafiquants ayant leur propre logique d'approvisionnement et de distribution.

Nous n'en sommes malheureusement pas là dans l'étude de la circulation des amphores thasiennes tant à l'intérieur qu'à l'extérieur de l'île.

Dans le territoire, la raison principale en est que la collecte systématique des timbres n'a commencé que depuis une dizaine d'années et n'autorise pas encore de conclusions très fermes sur la façon dont s'y répartissaient les produits des différents ateliers. On peut simplement supposer, à partir de l'exemple de la plaine d'Astris qui a été le mieux prospectée, que dans les campagnes thasiennes on se ravitaillait en priorité dans les ateliers locaux (en l'occurrence ceux de Koukos et de Vamvouri Ammoudia, mais qui n'étaient certainement pas les seuls dans le secteur). En fonction de quoi il n'y a rien d'étonnant à ce que l'atelier du Molos, situé à la sortie de Liménas, soit mieux représenté que tout autre dans les trouvailles faites en ville — d'autant qu'il paraît avoir fait preuve d'un dynamisme particulier. Mais le moment n'est pas encore venu d'étudier en détail, grâce aux timbres amphoriques (chance unique pour le moment en archéologie grecque), l'organisation des échanges à l'intérieur d'un territoire civique.

Faute de publications suffisantes, il reste également très difficile de suivre à la trace, en dehors de Thasos, les exportations émanant des différents ateliers amphoriques, d'apprécier leur régularité dans le temps et leur cohérence spatiale. Tout ce que nous pouvons faire à l'heure actuelle, c'est d'estimer, sur le plan uniquement quantitatif, leur importance globale, tous ateliers confondus : non seulement d'après le nombre des timbres de différentes époques retrouvés aux différents endroits, mais encore en tâchant de mesurer ce qu'ils représentent en amphores (compte tenu du coefficient de timbrage) et en volume amphorique (compte tenu des capacités moyennes) par rapport aux autres centres d'exportation qui pratiquaient ou non le timbrage.

Leur marché principal, ce fut incontestablement la Mer Noire, où quelque 6 000 timbres thasiens ont été découverts : dans les colonies grecques du littoral occidental et septentrional, ainsi que chez les indigènes de l'arrière-pays (Thraces de la Bulgarie actuelle, Géto-Daces de Roumanie, Scythes d'Union Soviétique). Dans l'ensemble, il n'est certes pas faux de dire qu'au IVe siècle et dans le premier quart du IIIe ils y viennent soit en première position, soit en seconde derrière d'abord ceux d'Héraclée puis ceux de Sinope — avant de disparaître presque totalement vers le milieu du IIIe siècle (comme le prouve notamment leur absence de Tanaïs, comptoir fondé près de l'embouchure du Don dans le second quart de ce siècle). Mais de nombreuses fluctuations dans le temps et dans l'espace ont dû exister, ainsi que le montre une étude récente du Soviétique I. B. Brašinskij sur les villes du nord-ouest de la Mer Noire entre Callatis au sud et Olbia au nord.

Du tableau ci-dessous, qui fait état non seulement du nombre des timbres, mais aussi des pourcentages correspondants en amphores timbrées (% at) et en volume amphorique (% v), il ressort par exemple que, dans la première moitié du IVe siècle, Thasos l'emporte au centre (Istria et Tyras), tandis qu'ailleurs domine Héraclée (en particulier dans sa colonie de Callatis).

Centres de production	Callatis			Tomis			Istria			Tyras			Nikonion			Olbia		
	T	% at	% v	T	% at	% v	T	% at	% v	T	% at	% v	T	% at	% v	T	% at	%
Thasos	3	7,3	8,9	1	25	28,6	54	78,2	81,4	19	45,3	50,1	92	29,2	33,4	41	19,6	22
Héraclée	38	92,7	91,1	3	75	71,4	15	21,8	18,6	23	54,7	49,9	223	70,8	66,6	168	80,4	77

Un autre tableau permet de voir que par la suite (deuxième moitié du IVe siècle et première moitié du IIIe) les importations thasiennes croissent au sud, stagnent au nord et chutent au centre — ce qui donne finalement naissance à deux groupes : un groupe septentrional (Tyras, Nikonion et Olbia) où elles ne se montent qu'à 15-20 %, et un groupe méridional où elles atteignent 40-45 %.

Centres de production	Callatis			Tomis			Istria			Tyras			Nikonion			Olbia		
	T	% at	% v	T	% at	% v	T	% at	% v	T	% at	% v	T	% at	% v	T	% at	% v
Thasos	320	56,3	40,4	16	59	45,7	178	60,4	44,4	54	30,1	18,8	45	21,1	15,4	54	31	20,5
Héraclée	10	1,7	0,8	2	7,5	3,9	3	1	0,5	9	5	2,1	65	30,5	15,3	20	11,4	5,2
Sinope	222	39	54,7	9	33,4	50,2	102	34,6	49,6	108	60,3	73,5	84	39,4	56,4	68	39	50,5
Chersonèse ...	16	3	3,9	0	0	0	11	4	5,3	8	4,6	5,4	19	8	12,7	32	18,6	23,8

Dans un dernier tableau apparaîtra la position particulière de Thasos dans le comptoir commercial d'Elizavetovskoe qui joua, jusque vers le milieu du iii⁰ siècle, le même rôle que Tanaïs à l'embouchure du Don :

Centres de production	Total	1er tiers iv⁰			Milieu iv⁰			Fin iv⁰-début iii⁰		
	T	T	% at	% v	T	% at	% v	T	% at	% v
Héraclée	495	105	86	83	234	72	65	61	21	8
Sinope	191				20	6	13	135	46	60
Thasos........	173	18	14	17	71	22	22	55	19	13
Chersonèse	55							41	14	19
Rhodes	15									
Divers	71									
Total	1 000									

Les fouilles méticuleuses qui se sont déroulées dans ce comptoir commercial permettent même de tenir également compte des amphores provenant de centres qui ne pratiquaient pas le timbrage : ce qui représente 25 à 28 % en nombre d'amphores et environ un tiers en volume amphorique. La part relative des centres producteurs d'amphores timbrées se trouve diminuée d'autant : pour Thasos, elle passe aux différentes périodes de 17 à 13 %, de 22 à 15 % et de 13 à 10 %.

Reste à comprendre le pourquoi de toutes ces fluctuations... Modifications du goût des consommateurs ? Réduction des besoins de Thasos en marchandises pontiques (surtout blé et esclaves) ou recours à d'autres moyens d'échanges (monnaies d'argent) ? Rivalités politiques ou commerciales accrues ? On ne sait trop, pour le moment, quelle explication proposer.

En Mer Égée, les timbres amphoriques thasiens sont représentés par centaines dans les villes grecques du littoral thrace et macédonien (telles qu'Abdère, Amphipolis ou Pella, sans compter celles de la Pérée thasienne), ainsi qu'à Athènes où leur nombre doit être proche de 1 000 (dont 674 découverts à l'agora avant 1960). A quoi l'on ajoutera Alexandrie où l'on en compte près de 200 (sur un total de plusieurs dizaines de milliers presque toujours postérieurs à la fondation de la ville par Alexandre le Grand en 332. Par ailleurs, il ne s'agit que de trouvailles sporadiques faites sur tout le pourtour de la Méditerranée orientale, et jusqu'en Asie centrale.

UNE RECHERCHE D'AVENIR

Quel que soit son inachèvement actuel, l'étude des amphores voit s'ouvrir à elle de belles perspectives, aussi belles sinon plus belles encore à Thasos que dans le reste du monde gréco-romain. Car elle y a pris très tôt un caractère systématique, aboutissant dès 1957 à la publication d'un recueil de timbres céramiques (le seul du genre existant à ce jour et qui est en cours de réfection).

La détection et la fouille des ateliers, ainsi que l'analyse scientifique des pâtes, s'y sont également développées de façon précoce, dès 1977.

La formulation d'une problématique adéquate y est enfin facilitée par ce que nous connaissons par ailleurs de l'histoire de la cité et par la richesse des informations contenues dans son système de timbrage.

Toutes conditions favorables (avec le soutien actif du Service grec des Antiquités) au progrès rapide de nos connaissances, dans une des branches les plus fécondes et les plus prometteuses de l'archéologie classique : une des plus attrayantes aussi par l'ambition qui l'anime de contribuer à une meilleure compréhension d'ensemble des fondements socio-économiques d'une société à partir des témoignages les plus modeste de son existence quotidienne, en établissant un lien étroit entre la réflexion théorique la plus large et l'analyse érudite la plus minutieuse.

POUR EN SAVOIR PLUS

V. GRACE, *Amphoras and the Ancient Wine Trade (Excavations of the Athenian Agora, Picture Book* n° 6, 2ᵉ éd. 1981).

A.-M. et A. BON (avec la coll. de V. GRACE), *Les timbres amphoriques de Thasos (Études thasiennes* IV, 1957).

Dans *Thasiaka (Bull. Corr. Hell., Suppl.* V, 1979) :

Y. GARLAN, «Koukos. Nouvelles données pour une nouvelle interprétation des timbres amphoriques thasiens», p. 213-268.

M. DEBIDOUR, «Réflexions sur les timbres amphoriques thasiens», p. 269-314.

Dans les *Recherches sur les amphores grecques (Bull. Corr. Hell., Suppl.* XIII, 1986 ; éd. J.-Y. EMPEREUR et Y. GARLAN) :

F. SALVIAT, «Le vin de Thasos. Amphores, vin et sources écrites», p. 145-195.

Y. GARLAN, «Quelques nouveaux ateliers amphoriques à Thasos», p. 201-276.

R. E. JONES, «Geophysical Prospection at Amphora Production Sites on Thasos», p. 279-285.

M. PICON et Y. GARLAN, «Recherches sur l'implantation des ateliers amphoriques à Thasos et analyse de la pâte des amphores thasiennes», p. 287-309.

M. DEBIDOUR, «En classant les timbres thasiens», p. 311-334.

Autres articles :

V. GRACE et F. SALVIAT, «Sceau thasien à marquer les amphores», *Bull. Corr. Hell.* 86 (1962) p. 510-516.

F. SALVIAT, «Religion populaire et timbres amphoriques : Hermès ; Hélène et les *dokana*», *Bull. Corr. Hell.* 88 (1964) p. 486-495.

Y. GARLAN, «Les timbres amphoriques de Thasos. Bilan et perspectives de recherche», *Annales ESC* (1982) p. 837-845 ; «Greek amphorae and trade», dans *Trade in the ancient economy* (éd. P. GARNSEY, K. HOPKINS et C. R. WHITTAKER, 1983) p. 27-35 ; «Le *kéramarque* thasien» (en russe), dans *Les problèmes de la culture antique* (éd. G. KOŠELENKO, 1986) p. 10-13.

PROVENANCE DES ILLUSTRATIONS

Pages de couverture : Th. 11903 et M. E. 280.

Fig. 4 : D'après V. V. Borisova, « Les ateliers de Chersonèse, d'après le matériel des fouilles de 1955-1957 » (en russe), *Sov. Arch.* 1958, 4, p. 151, fig. 9.

Fig. 10 : D'après I. B. Brašinskij, *Les méthodes d'analyse du commerce antique* (en russe, 1984) p. 240-241.

Fig. 11 : D'après I. B. Brašinskij, *Les importations céramiques sur le Don inférieur du Ve au IIIe siècle avant notre ère* (en russe, 1980) pl. VIII.

Fig. 12 : D'après I. B. Zeest, *L'emballage céramique du Bosphore* (en russe), *MIA* 83 (1960) pl. VII.

Fig. 13 : Fouilles du jardin de la maison de l'École Française à Thasos, 82. 905.

Fig. 14 : D'après I. B. Zeest, *op. cit.*, pl. IX.

Fig. 16 : a (Th. 9034); b (Th. 10414); c (Th. 10535); d (Th. 9794); e (Th. 10800); f (Th. 13282); g (E. M. Pridik, *Catalogue d'inventaire des timbres sur anses et cols d'amphores, ainsi que sur tuiles, de la collection de l'Ermitage* (en russe, 1917, p. 39, no 71); h (Th. 11528).

Fig. 17 : a *(Bon 2133)*; b (Léningrad, Musée de l'Ermitage, B 4962); c (Léningrad, Musée de l'Ermitage, Baksi); d (Th. 9353); e (Th. 8798); f (E. M. Pridik, *op. cit.*, pl. XV, 21); g (Musée d'Istria : cf. C. Domaneantu, *SCIV* 25 (1974) p. 438, fig. 2, 2).

Fig. 18 : a (Th. 4359); b (Musée de Tulcea 186, Roumanie); c (Musée de Constanţa 32438, Albesti); d (Th. 6995); e (Th. 6430); f (Inst. arch. Bucarest 25555, Istria); g (Th. 6939); h (Th. 15093); i (Th. 14536); j (Musée de Kavala 1836, Pontolivado).

Fig. 20 : a (Th. 12279); b (Inst. arch. Bucarest 26282, Istria).

Fig. 21 : a (Musée de Constanţa 11550, Tomis); b (Dèlos TD 1239); c (Th. 5818); d (Th. 159); e (Th. 5066); f (Musée de Kavala 1241).

Fig. 23 : a (Th. 10979); b (Inst. arch. Bucarest, Istria); c (Musée de Kavala 1116).

Fig. 24 : a (Inst. arch. Bucarest 20752, Istria); b (Musée des Beaux Arts — Pouchkine, Moscou, Panticapée).

Plans de T. Koželj, dessins de N. Sigalas.

IMPRIMERIE A. BONTEMPS
LIMOGES (FRANCE)
N° imprimeur : 22502-88
Dépôt légal : Juin 1988